Cadernos da UnB

D. QUIXOTE

Um apólogo da alma ocidental

SAN TIAGO DANTAS

Editora Universidade de Brasília
1979

APRESENTAÇÃO

Comentando as dificuldades políticas de um proeminente homem público brasileiro do início da década dos sessenta, San Tiago Dantas ressaltava a falta que lhe fazia o pré-requisito básico da cultura: a memória. O que induziu o político, tomado como exemplo, a sempre pender em direção ao último ponto de vista que lhe havia sido exposto, enredando-o num cipoal de incoerência e comprometendo-lhe o potencial de ação política eficaz. E a incapacidade de fixação de uma linha consistente de conduta acabou levando-o à paralisia decisória.

O Brasil se arrisca a compatilhar, a nível nacional, das vicissitudes analisadas por San Tiago, naquele exemplo. Não é raro deslembrarmo-nos do passado como instrumento para melhor compreendermos o presente e como inspiração para o futuro. Nosso desapreço pelo patrimônio cultural amealhado por nossos maiores é, de fato, fenômeno dos mais entristecedores e preocupantes.

Mesmo a disposição de esquecer, indispensável ao convívio político em sociedade aberta, que se proponha a institucionalizar, e canalizar construtivamente, o dissenso, pressupõe esforço de elaboração da memória nacional. Em contrário, os atos ou fatos passados que constituam conflitos potenciais para o futuro, serão meramente reprimidos em refúgio inconsciente, ameaçando ressurgir em momentos de tensão, em forma de ressentimento a empecer o necessário desarmamento efetivo dos espíritos.

O divórcio com a história brasileira e a baixa prioridade que costumamos atribuir à cultura, à reflexão sobre as grandes perguntas recorrentes da condição humana — o sentido da vida, o confronto com a morte, o enigma do mal, o significado da tragédia, a natureza do dever moral, a essência do amor — parecem-me empecilhos potenciais na trajetória de nossa sociedade em direção a fins pelos quais terá de optar, tão sérios quanto os que teremos de superar afim de assegurar nossa viabilidade econômica ou política. Urge, como nos lembra um dos mais eminentes economistas brasileiros, Celso Furtado, em sua mais recente obra, alargar "o espaço cultural em que se exerce a ação criadora do homem", para que possamos usar o dom da liberdade para a tarefa de "redefinição dos valores e identificação dos fins".

O problema se aguça porque a revolução de âmbito mundial, que no terceiro quartel deste século desafiou toda a herança cultural do Ocidente, em intensidade só comparável ao ocorrido quando o Renascimento colocou em xeque o ethos tradicional da Idade Média, nos atingiu de fora em momento em que, não havendo ainda encontrado integralmente nossa identidade, nem burilado conceitualmente a escala de nossos próprios valores, passamos por uma transformação endógena que nos catapultou, num quase piscar de olhos, de sociedade quase feudal para os umbrais da modernidade.

E no momento em que se vislumbram, a nível mundial, os primeiros sinais do que Daniel Bell chamou de "o retorno do sagrado", bem se apropria que entre nós também nos debrucemos sobre os valores hauridos de nossas origens culturais.

Ao reeditar o **D. Quixote: Um apólogo da alma ocidental,** a Universidade de Brasília presta um serviço à preservação da memória nacional e lembra-nos, através do magistral ensaio de San Tiago, o papel da obra de arte, da cultura para "tornar o mundo e o próprio homem mais inteligíveis" e para "motivar a própria conduta humana, por lhes oferecer modelos e advertências que se entretecem no tecido moral de uma ou de várias épocas".

Na multifária atividade intelectual e profissional, pedagógica e política de San Tiago Dantas, esta conferência proferida, em 1947, ao comemorar-se o quarto centenário do nascimento de Cervantes, sobressai como um dos momentos em que seu pensamento se adensou com maior precisão, beleza de estilo e universalidade de compreensão. Tratou do Quixote como símbolo, como episódio exemplar, procurando encontrar o "sentido que ele adquiriu ao se projetar na consciência do mundo ocidental".

Capta-lhe, com rara felicidade: "a mensagem de purificação do mundo pelo dom de si mesmo" e identifica no Quixote o homem heróico, "cujas ações frutificam pelo exemplo e pela força espiritual que irradiam".

Numa época, em que todos os valores são colocados em dúvida, em que escasseiam os paradigmas, San Tiago nos resgata o Quixote como símbolo vivo e personificação das "essências universais". Está consciente de que "o sentido de um fato artístico ou histórico é sempre o estado atual de um laborioso e permanente processo de trocas entre ele e o espírito que o considera". Mas sabia, também, não levar-se demasiadamente a sério. Bem assimilou a lição de Cervantes: "querer salvar, é sublime; julgar-se um salvador, é ridículo".

Parece assumir significado especial o fato de que é, exatamente, no momento em que a sociedade brasileira se entrega à tarefa coletiva de reavaliação agônica de seus rumos econômico, social e político, que a obra e a vida de San Tiago Dantas tem provocado interesse renovado. À reedição da tese com que conquistou a catédra de Direito Civil, **Os Conflitos de Vizinhança e sua composição,** sucedem-se as **Palavras de um Professor,** o **Programa de Direito Civil,** em quatro volumes a antologia-homenagem inscrita no segundo número da **Revista de Relações Internacionais,** o **Perfil Parlamentar,** a ser editado pela Câmara de Deputados, e agora a obra-prima de seu espírito lapidar: **O Quixote**.

É alvissareira esta redescoberta, eis que um dos principais obstáculos ao nosso esforço para repensar e redirecionar modelos de comportamento social tem sido a falta de clareza conceitual, a insuficiência de elaboração teórica, a escassez de imaginação, e a incapacidade para delinear alternativas operacionais, campos em que primava a inteligência lúcida e o gênio criador de San Tiago.

A reincorporação do pensamento vivo de San Tiago à frágil memória nacional representa um passo importante para o aprimoramento da cultura nacional. A reedição do **Quixote** assume relevância particular por tratar-se de obra, que mais do que qualquer outra de sua lavra, ressalta o papel essencial que cabe, na vida de cada comunidade e de cada pessoa, aos princípios — origem e norma ética norteadora — que os antepassados nos legaram e de que podemos ser beneficiários, na medida que os saibamos reverenciar.

Esta herança, uma vez preservada de maneira dinâmica, servirá de alicerce sólido ao processo de criatividade que, valendo-se do espaço que lhes abrem liberdades pública e pessoal, assegure a nosso patrimônio cultural a renovação contínua indispensável à vitalidade da sociedade e ao pleno desenvolvimento humano de cada brasileiro.

Rio de Janeiro, 12 de novembro de 1978.

Marcílio Marques Moreira

D. QUIXOTE

A Augusto Frederico Schmidt

Quase um prefácio

O estudo a que me proponho, nos breves limites desta palestra, e com o qual espero contribuir modestamente para a homenagem que se vem aqui rendendo ao gênio de CERVANTES e à perenidade de sua obra, (*) não pertence ao domínio da crítica literária, e ainda menos ao das investigações históricas ou filológicas.

Se me é lícito empregar um dos têrmos favoritos da filosofia moderna, direi que vou tratar do Quixote como símbolo, isto é, do sentido que o próprio Quixote adquiriu refletindo-se secularmente na consciência ocidental, onde se tornou, a meu ver, uma fábula construtiva, um episódio exemplar, a cuja luz julgamos muitas de nossas próprias experiências, e de que tomamos modêlo para muitas de nossas aspirações.

(*) Ciclo de conferências realizado em comemoração do 4.º centenário de Cervantes, no auditório do Ministério da Educação, sob a presidência do Exmo. Sr. Embaixador da Espanha.

Conhecimento simbólico

O exame dêsse tema não dispensa a enunciação de algumas idéias gerais preliminares. Procurarei ser nelas muito breve, explicando apenas o que entendo pelo conhecimento simbólico de uma obra literária, noção que vos é familiar, mas que, como toda noção propedêutica, está sujeita a ser empregada num sentido pessoal, já deformado pelas aplicações que dela pretende tirar o nosso pensamento.

Não é só a obra literária, que se mostra sucetível de um conhecimento simbólico. A obra de arte em geral, e os próprios fatos históricos, estão sujeitos a uma dupla ordem de especulação e de conhecimento: em primeiro lugar podem ser vistos e estudados como um *fato,* que se verificou em condições de tempo e de espaço determinadas. Partindo dêsse ponto de vista, o conhecimento que obtemos é *descritivo,* e nêle se compreende não só a identificação e caracterização do fato artístico ou histórico, como o estudo de seus antecedentes, das influências externas ou internas que agiram sôbre êle e sôbre o seu protagonista, ou criador. A segunda ordem de conhecimento a que me refiro é o conhecimento *simbólico*: um fato histórico, uma obra artística ou literária, ao se projetarem no tempo, adquirem um sentido. Raramente será o que se continha nas intenções do autor, embora possamos admitir que um criador de obra de arte ou um protagonista histórico tenham tido a visão, já direi profética, do que sua ação iria significar na dimensão do tempo. Tal coincidência entre o pensamento do autor e o sentido da obra é, porém, puramente ocasional e irrelevante.

Seu sentido, é a própria obra que o engendra, projetando-se no tempo. Nela se vem exprimir ou condensar, originàriamente, uma situação suscetível de repetir-se muitas vêzes, ou um movimento fundamental do homem ou da sociedade, que através dela se revela à consciência comum. Mas por ser, no momento em que é criada, uma condensação exemplar da realidade, não fixou a obra de arte ou o fato histórico para sempre o seu sentido. Depois de iluminar o mundo real, tornando-o inteligível, um incessante intercâmbio se inicia, pois, de um lado, a obra de arte irradia sôbre a existência a sua fôrça persuasiva, e de outro lado recebe da consciência humana novos matizes de compreensão, que lhe enriquecem o sentido.

De modo que o sentido de um fato artístico ou histórico é sempre o estado atual de um laborioso e permanente processo de trocas entre êle e o espírito que o considera; êste, elaborando a significação e a eficácia exemplar do que examina; aquêle, operando, por sua vez, sôbre a realidade, pela fulguração momentânea que lança sôbre a obscuridade da existência.

Ao dizer que vou tratar do Quixote como símbolo, quero significar, portanto, que não me vou ocupar dessa obra como fato literário, mas do sentido que ela adquiriu ao se projetar na consciência do mundo ocidental, especialmente do mundo hispânico. Como apólogo, o Quixote torna inteligíveis certos recessos dessa consciência; dêle advém uma considerável contribuição de advertências e de exemplo; não há exagêro em dizer, segundo penso, que a fábula quixotesca vem sendo um dos múltiplos moldes em que o espírito moderno tem plasmado sua concepção difusa da existência.

JAEGER, no seu grande livro sôbre a cultura helênica, mostra como o poema homérico e o herói homérico serviram de exercício espiritual para a formação do ideal aristocrático do homem antigo:

> "O *pathos* do alto destino heróico do homem é o alento espiritual da Ilíada. O *ethos* da cultura e da moral aristocráticas acha o poema de sua vida na Odisséia (*Paideia,* I, p. 57)."

Entre os exercícios espirituais que têm servido à formação do homem moderno, ou por lhe apontarem exemplos, ou por fixarem seus permanentes problemas, quero indicar o posto saliente que cabe ao *Quixote*, de Miguel de CERVANTES. E para isso nada melhor do que examiná-lo à luz do nosso próprio entendimento, mirando-o na imagem que êle deixa refletida em nossa própria consciência, pois, como todos sabem, a experiência individual da obra literária é o mais seguro instrumento da sua compreensão universal.

fixarem seus pensamentos crescentes,

[illegible]

I

Numa das suas conversas com ECKERMANN, dizia GOETHE, a propósito do *Fausto*:

Sentido do QUIXOTE

> "Ao menos uma vez, tenham coragem de se abandonarem às suas impressões, de se deixarem divertir, de se deixarem comover, de se deixarem elevar, instruir, inflamar e encorajar por alguma coisa de grande; e não pensem sempre que tudo está perdido quando não se pode descobrir no fundo de uma obra, alguma idéia ou pensamento abstrato. Perguntam-me que idéia eu procurei encarnar no meu Fausto! Como se eu soubesse, como se eu mesmo o pudesse dizer! (*conversa do dia* 6 *de maio de* 1827)."

Outra não havia de ser, penso eu, a resposta de CERVANTES a quem hoje lhe pedisse o conceito, a significação abstrata do D. Quixote.

E, entretanto, procurar reduzir a obra de arte a um conceito, é um processo de compreensão inerente ao espírito moderno. Por detrás dos "Cinco livros de Pantagruel", como das tragédias de SHAKESPEARE ou de RACINE, do teatro de IBSEN ou do romance de PROUST, a tendência irresistível do nosso espírito é procurar uma idéia, de que a obra de arte seja a fábula, e que nos traduza, em têrmos racionais, a essência e a eficácia da criação.

Parece-me realmente absurdo que se fôsse perguntar a GOETHE ou a CERVANTES o sentido do Fausto e do D. Quixote. Seria supor que essas grandes obras fôssem apenas a ilustração de uma *tese*, preconcebida no espírito do autor. O que considero, porém. legítimo, é que se indague do sentido simbólico de qualquer dessas obras, isto é, da significação que cada uma assumiu na perspectiva do tempo, pela operação combinada das intenções do seu autor e da consciência que as recebeu.

Bem sei que uma grande obra vale e influi, mesmo sem ser integralmente compreendida. Mas a tarefa da inteligência humana é tirar o valor das coisas da obscuridade para a luz.

No caso particular do Quixote extremam-se, ao mesmo tempo, a ânsia e a difi-

culdade de compreender. Nenhum livro será talvez tão difícil de reduzir a uma fórmula abstrata que lhe equivalha, e ao mesmo tempo, pelo seu aspecto apologal, nenhum outro exige tanto um ato de compreensão plena, em que se esclareça o sentido de cada episódio, em que se resolvam as dúvidas e perplexidades diante de cada personagem, e a partir do qual se dissipem os juizos contraditórios, a que sua leitura nos conduz.

Que quer dizer tudo isto?, é a pergunta que não saí da mente do leitor do Quixote, e para a qual êle espera alcançar resposta no capítulo seguinte. Mas o capítulo seguinte passa, e não raro apenas traz um desmentido às explicações que se lhe iam formulando, e o livro se encerra deixando irresolvido o equívoco sem igual, em que nos comprometemos.

A simplicidade e a objetividade, com que foi escrito e concebido, aumentam as dificuldades da interpretação do Quixote.

A narrativa é sempre plana e explicada, o espírito do narrador nunca deforma o contôrno da realidade visual, os fatos e as pessoas incessantemente se refletem no espêlho límpido do senso comum. Assim como o sentido profundo de certas obras é defendido pelas obscuridades poéticas indecifráveis que o rodeiam, assim o enigma do D. Quixote está preservado pela sua inviolável simplicidade. Nem seria possível pensar em descobrir um segundo sentido nesta novela, limpida, lógica e consequente, se ela nos não precipitasse em conceitos e estados de alma contraditórios, para os quais precisamos buscar, nela ou em nós mesmos, um princípio de explicação.

A reflexão sobre as reflexões

E o que talvez ainda contribua para nos excitar a reflexão, e perturbá-la, é que o próprio livro se apresenta como um tecido cerrado, uma densa floresta de reflexões. Certamente já atentastes na prodigiosa efusão de conceitos sôbre o Quixote, que é o próprio Quixote. CERVANTES tomou como tema de seu romance, não a simples aventura de D. Quixote, mas a repercussão múltipla dessa aventura no espírito de seus personagens. De modo que o D. Quixote é o primeiro livro em que se estuda e se discute o sentido e o valor da aventura do extraordinário fidalgo, por quem ainda não cessamos de estar atônitos. Todo o Quixote não é mais que uma lenta e incessante polêmica, em tôrno da insólita aventura, com que Alonso Quijano assombrou os seus vizinhos, os seus amigos e o seu autor: êle próprio — desde a primeira *salida,* que o leva pelos campos de Montiel, até o pobre quarto onde abandona seu imortal personagem para recuperar o seu nome no tempo, e morrer — outra coisa não faz senão argumentar e refletir. Com êle, Sancho trava o clássico e interminável diálogo, que julga à luz de inteligências contrárias, a experiência comum. Refletem, discutem, interpretam, o cura e o barbeiro, o bacharel e o canônico, os duques e o cavaleiro do Verde Gabão, a ama e a sobrinha, o vendeiro, Dorotéia, Lucinda, Cardênio e D. Fernando. E sôbre as meditações dêstes, ainda se estende, decomposta em duas vozes, a meditação do autor — de Cide Hamete e de CERVANTES.

De tôda essa imensa máquina de julgamentos e opiniões, que tira o leitor do Quixote para decifração do seu personagem? Apenas a inelutável necessidade de se empenhar êle próprio no debate, de vencer as contradições em que o lança o sentido equívoco da aventura, e, afinal, de bem entender o exemplo, o exemplo cuja eficácia já lhe alcançou, embora obscuramente, o recesso do próprio ser.

Ora, é difícil acolher o exemplo, em cuja raiz se encontra o equívoco.

E assim como o leitor do Quixote não se pode confiar à admiração irresistível, a que o arrasta a intacta virtude do mais perfeito dos cavaleiros, sem primeiro distinguir onde a virtude e a loucura se separam, onde o ridículo acaba e começa o sublime, e onde a cavalaria deixa de ser uma inspiração pura. para merecer o anátema, assim também não é possível avançar na compreensão do sentido universal do Quixote, nem exprimir a sua contribuição para a moldagem do espírito ocidental, sem reduzir primeiro essas contradições.

As grandes contradições

Todo o Quixote se ergue — não apenas nas intenções exteriores do seu autor, como frequentemente se ouve, mas na própria estrutura e movimento interno do romance — como a proscrição da Cavalaria. O mesmo Alonso Quijano, quando volta a ser Quijano, o bom, e se prepara para subir ao seio de Deus, renega a que fôra forma e essência de sua loucura, e exclama:

> "Ya soy enemigo de Amadis de Gaula y de toda la infinita caterva de su linaje; ya me son odiosas todas las historias profanas del andante caballeria; ya conosco mi necedad y el peligro en que me pusieron haberlas leido; ya por misericordia de Dios, escarmentando en cabeza propia, las abomino (p. 975)."

E, entretanto, a vitória de D. Quixote, essa vitória que, ao longo de sua insensata caminhada, êle vai conquistando sôbre o seu leitor, até vencer o sarcasmo com que o contemplamos nas suas primeiras partidas e suscitar o amor dilacerado com que o acompanhamos nas ruas de Barcelona, êsse outro calvário, corrido pela assuada, com um cartaz colado às costas por outros centuriões, essa vitória êle a consegue pela integral fidelidade às práticas e disciplinas da Cavalaria, e é, através dêle, uma vitória e uma perpetuação da Cavalaria entre nós.

A essa primeira e desconcertante antinomia, somam-se outras. É difícil compreender porque foi D. Quixote, não apenas um herói, mas um herói louco. Ao aceitarmos a mensagem de purificação do mundo pelo dom de si mesmo, que irradia da extraordinária existência do cavaleiro manchego, é o exemplo de um louco, que estamos aceitando? E será, por ventura, a insânia de D. Quixote, poderá ser alguma insânia, uma custódia para o amor e para a virtude?

Igualmente perplexos ficamos em face da irresistível comicidade do Quixote. Êsse homem sem sorriso, êsse modêlo de gravidade, essa regra de comedimento e de pudor, cujas ações jamais deixaram de ter um móvel justo, ainda que ilusório, êsse ser que pacientemente sofreu e testemunhou por tudo que se impôs a si mesmo, é uma fonte indiscutível, permanente, irresistível de riso. É bem certo que, em sua aventura, logo se alcança o sentido trágico, e que o drama do Quixote fica sendo em nós o resíduo da comédia. Mas é imprescindível compreender porque é cômico êsse santo, porque é louco êsse virtuoso, porque deve ser renegada essa Cavalaria, que fez do modesto Alonso Quijano um mediador universal.

Para êsses problemas preliminares à compreensão do Quixote, julgo que podem ser buscadas soluções radicais, independentes da experiência individual de cada leitor.

A comédia e o drama

Cabe a ORTEGA Y GASSET ter dito a palavra que encaminha a explicação da comicidade do Quixote. Por ela podemos alcançar o valor dramático que em nós recebe o exemplo quixotesco, e conjugar no plano do entendimento, o sentido trágico e o aparato cômico de que CERVANTES dotou a sua fábula:

> "Do querer ser ao crer que já se é, vai a distância do trágico ao cômico. Êsse é o passo entre o sublime e o ridículo." (*Meditaciones del Quijote*, p. 153)."

A aspiração de D. Quixote à aventura, o seu desejo de renovar, no mundo povoado de injustiças, do seu tempo, a ação purificadora da andante cavalaria, e de operar essa ação pelo dom de si mesmo, é, em si, um dos mais altos anseios a que tendeu o espírito humano, e a provação a que se sujeitou para cumprí-lo, um drama do tipo messiânico. Mas D. Quixote não se limitou a aspirar à condição de um novo Amadis ou Felixmarte de Hircânia; pensou que efetivamente o fôsse, e se aspirar a uma superior missão entre os homens é sublime, acreditar que se possui essa missão é ridículo.

CERVANTES, concebendo a novela do *Ingenioso Hidalgo* como uma farça, ao mesmo tempo nos deu, do heroismo, o exemplo mais grave e eficaz que encontramos no nosso patrimônio de idéias, e a mais aguda advertência contra o perigo da sua degenerecência. Querer salvar, é sublime; julgar-se um salvador, é ridículo. Eis por que nos servimos da expressão quixotismo, ora para exaltar uma virtude, ora para denunciar uma fraqueza.

O louco e discreto

A esse primeiro ponto se prende a solução das duas outras perplexidades que apontei. Já que o seu Quixote continha o que há de alto e o que pode haver de baixo no heroismo, CERVANTES não podia impe-

dir que sôbre êle caísse a venda mágica da loucura. — Sim, dir-se-á; porque só um louco se poderia acreditar cavaleiro. Mas penso que CERVANTES, com a loucura de Quijano visou mais longe; só um louco poderia fazer de si mesmo cavaleiro e ficar isento de impostura, guardando intacta a sinceridade dos seus motivos.

Não foi para lhe permitir que se expusesse ao ridículo de tomar armas e cobrir-se de falsas couraças, que CERVANTES revolveu a mente, fatigada de leituras, do seu Quixote. Foi para que essa loucura protegesse a pureza moral de que o Quixote ia dar testemunho, pureza que seria incompatível com tôda simulação consciente, com qualquer parcela de mistificação voluntária.

Os mistificadores conscientes, tão comuns entre os servidores de ideologias, são os réprobos da novela cervantina. Réprobos são os duques que acolhem D. Quixote, e erguem em tôrno dele um falso cenário para lhe experimentarem os limites da demência. Réprobo é o bacharel Simão Carrasco, quando se arma de Cavaleiro dos Espelhos para dar miserável combate ao autêntico, ao genuíno, ao indiscutível Cavaleiro da Triste Figura.

D. Quixote sem a loucura, que o fez acreditar em si mesmo, poderia ser o personagem da *comédia,* mas não o heroi dramático que a novela oferece como um exemplo, e que aos nossos olhos sintetiza a contribuição de CERVANTES para a formação espiritual do homem moderno. Eis porque é de suma importância na exegese do D. Quixote, estabelecer a integridade absoluta da sua crença em si mesmo, posta a prova em diversas aventuras fundamentais; não tenho a intenção de me deter recordando essas aventuras, entre as quais são de suma importância as que provam o total desamparo de si mesmo, a que D. Quixote se votava, como a chamada aventura do cavaleiro dos Leões, ou as que mostram que êle mantinha, quando sozinho, a mesma regra e os mesmos intentos que enunciava perante suas habituais testemunhas, como sucedeu na Serra Morena, onde reproduziu solitário as penitências de Amadis no exílio da Penha Pobre.

Julgamento da Cavalaria

Mais laboriosa de explicar será a antinomia que reside em tôdas as partes do Quixote, com relação à Cavalaria Andante. Alguns autores pretendem que ela reflete o juízo contraditório do próprio CERVANTES, amigo dessas leituras, de que se enchera o seu século, mas advertido contra os males que ela produzia no espírito e sobretudo no gôsto dos leitores. Pois a literatura de cavalaria, a chamada *matéria de França* ou *de Bretanha,* foi no Renascimento espanhol o que são os contos policiais dos almanaques de hoje: o passatempo dos preguiçosos, e também o devaneio das cabeças mais frívolas.

Por tudo isso não podia CERVANTES deixar de ter o menosprêzo do homem de gôsto. É êsse o tempo de que se narram anedotas como a que refere em sua "Arte de galanteria", Francisco de PORTUGAL: um homem encontra em prantos e soluços, a mulher, as filhas e as criadas, e perguntando-lhes "muy acongojado" se morrera um de seus filhos, "respondieron ahogadas en lágrimas que no; replicó confuso: porqué llorais? Dijéronle: Señor háse muerto Amadis" (*in* MENÉNDEZ PELAYO, *Origenes de la novela*).

A apóstrofe contra as *obras mentirosas* não é uma inovação cervantina; pertence, pelo contrário, à cultura do seu tempo, e séculos antes já se encontra em autores enfadados das fábulas sem sentido, de que o modêlo literário mais digno de aprêço seriam *Los quatro de Amadis.* Que tal literatura estava morta e superada, em Espanha, pelo alto labor intelectual do *século de ouro,* ninguém poderia ter dúvidas, ao tempo em que CERVANTES compunha o seu D.

Quixote. De sorte que me parece ridículo atribuir à novela predestinada o intuito polémico que o autor anuncia, e em que, um pouco ingênuamente, acreditam os seus leitores.

Na verdade, a meu ver, o que CERVANTES pretendeu mostrar no seu livro, ou — se não pretendeu — o que mostrou efetivamente, foi que a Cavalaria como forma social, como aparato externo e também como tema literário, estava irremediàvelmente ultrapassada e liquidada, mas que dela era possível desencarnar o sentido, transformando-a em mitologia.

A primeira característica da mitologia, tal como hoje a concebemos, é que nela não se acredita. Enquanto foi possível acreditar em Diana, houve por certo um paganismo, não, porém, uma mitologia. Transformando os deuses em mitos, os homens operam a recuperação estética de certas formas perecidas, e passam a servir-se delas como de um material incorruptível, sôbre que já não tem poder nem a fé, nem o tempo. Criar a mitologia, não será, por ventura, reencontrar o tempo perdido?

Tudo o que existiu, e cuja forma efêmera não logrou resistir à fatal decomposição do tempo, pode ser salvo, se o espírito do homem ali souber encontrar o símbolo, em que se personificam as essências universais. Quando é que — miseráveis indivíduos, — conseguimos salvar da morte em nós, as nossas aventuras de amor? Não é sinão quando as transformamos em mitologia. Pois CERVANTES, segundo penso, concebeu o D. Quixote para extrair a Cavalaria da forma histórica em que vivera, e da ingênua literatura fabulosa em que agonizava, e para lhe assegurar uma resurreição no mundo dos símbolos. Todo o Quixote prova que a perenidade da Cavalaria não está nas suas exterioridades e aparências, mas no molde espiritual invisível, que, depois de se haver modelado sôbre ela, se separou do seu corpo transitório. Eis porque a novela cervantina pode ser implacável com a Cavalaria e os Livros de Cavalaria, para os quais aponta o caminho da morte, — ao mesmo tempo que o espírito e a ética da Cavalaria entram pela sua mão no clima da vida eterna.

Todo o Quixote se abre, assim, em dois, quando rompemos, pela análise, a unidade vital da aventura e dos personagens. Pela sublimidade da sua vocação, o triste herói cervantino se ergue às proporções de um confessor do espírito moderno; mas, acreditando que já era o que aspiraria a ser, marca para sempre, ante os nossos olhos, a linha imaginária que separa o heroismo da fantasia, a sublimidade da ridiculez. A Cavalaria Andante, cujos livros lhe tinham "secado el celebro", está presente nas duas metades do seu ser. O espírito da Cavalaria é que lhe ilumina a metade heróica; as aparências fabulosas e as roupagens sem sentido revestem a que morrerá nêle, antes mesmo que o recolha a morte.

II

Já é tempo agora de atingir a questão central que anunciei no início desta palestra. Já é tempo — afastadas as dificuldades, que obscurecem o sentido da obra cervantina — de procurar aquêle seu valor simbólico, e por êle conceituar a contribuição trazida pelo Quixote à compreensão que o homem moderno tem de si mesmo e à motivação de sua conduta. Pois são êsses os dois objetivos para que tende a ação da obra de arte ou do fato histórico sôbre o homem: primeiro, tornar o mundo e o próprio homem mais inteligíveis, pela captação da experiência universal nos limites rigorosos de um exemplo; segundo, motivar a própria conduta humana, por lhe oferecer modêlos e advertências que se entretecem no tecido moral de uma ou de várias épocas.

Eis por que os grandes livros operativos são fôrças modeladoras do espírito humano. Coube a Teodoro HAEKER, na sua obra insuperável sôbre Virgílio, oferecer o estudo mais completo da ação da obra literária sôbre os tempos: dando uma base filosófica consistente às aproximações mais ou menos alegóricas que se derivam da 4.ª Egloga, HAEKER mostrou que a obra poética de Virgílio foi o centro de coordenação do processo de amadurecimento do mundo antigo para o Cristianismo. (HAEKER, *Vergil, der Vater des Abendlandes*).

Não foi o D. Quixote, certamente, o livro revelador do homem moderno. Se procuramos as matrizes do homem ocidental de hoje, contrapondo-o ao homem medieval e ao homem antigo, encontramos não uma, porém um número incontável de fábulas e de episódios, em que ficaram fixados os seus moldes e desenhos elementares. Foi possível inscrever tôda a alma helênica nos poemas homéricos e nas tragédias e ditirambos, a que já se pretende acrescentar o ciclo campestre, personalizado em Hesíodo. A alma moderna, porém, tem formas e procedências múltiplas; se fôsse necessário escolher, apesar disso, a sua legenda primordial, eu por mim elegeria o "Fausto", de preferência a qualquer outra. Reconheceria, porém, que o espírito moderno, numa tal representação, estaria mutilado. Êle

contém outros sentidos, para os quais é possível encontrar nas grandes obras de arte ou episódios históricos, as formas imanentes. Uma destas, que a nenhuma outra equivale ou se reduz, é o Quixote, de CERVANTES.

Não hesito em dizer que, sem o Quixote, o espírito ocidental, especialmente ibérico e íbero-americano, teria tido outros caminhos. E, se hoje o perdêssemos, e o apagássemos da memória, muito do que existe em nós se nos tornaria indecifrável.

Em que consistiu a contribuição do Quixote ?

Se não é possível reduzí-lo a um conceito de onde emane a desmedida riqueza de seus temas e episódios, se devemos renunciar à procura de uma idéia abstrata que lhe equivalha, podemos, entretanto, perquirir nesse livro alguns veios, dos quais o primeiro é, sem dúvida, a incessante conversa em que, do princípio ao fim da novela, amo e escudeiro se acham empenhados. Nela se projetou, como em nenhum outro exemplo literário, o contraste interno essencial da natureza humana, ali dissociada em dois personagens. Os pontos de oposição e os pontos de concordância entre as duas faces do homem — distintas e ao mesmo tempo consubstanciais — recebem ilustração definitiva. Com D. Quixote e Sancho, CERVANTES proporcionou ao homem, no domínio do conhecimento de si mesmo, um avanço que, se considerarmos tanto o mérito da criação, quanto a sua absorção pelo público, até a sua época só tem paralelo no teatro de SHAKESPEARE.

Peço, porém, licença para deixar de lado êsse aspecto da novela cervantina, que a crítica tem focalizado de todos os modos, para me ocupar, aqui, de outra contribuição do Quixote: a sua formulação do heroismo. Essa formulação se opõe ao heroismo antigo, ao heroismo de Ulisses, de Aquiles, de Teseu, do próprio Enéias, tão mais próximo, como herói virgiliano, da consciência ocidental; e também se opõe ao padrão de heroismo do revolucionário de hoje, do ativista, do militante partidário ou sindical.

Heroismo

Vou tentar expor, em suas origens e atributos, o heroismo quixotesco, e, ao tratar dêle, depararemos com outra contribuição do Quixote, ligada à primeira, e não menos capital: a sua conceituação do amor.

E' bem compreensível que devamos à Espanha a construção artística que nos tornou para sempre inteligível o homem heróico, não no sentido aristocrático, de homem privilegiado, mais poderoso do que os outros e realizador de grandes feitos — que foi como o entendeu a antiguidade — mas no sentido de homem que dá testemunho, de mártir, cujas ações frutificam pelo exemplo e pela fôrça espiritual que irradiam.

O gênio espanhol sempre se mostrou particularmente dotado para compreender e exprimir o heroismo. E' certo que o quixotismo não é a forma permanente do heroismo espanhol, mas é sem dúvida a mais pura e original, e a que, em certo sentido, representa a síntese da tradição heróica com o Cristianismo.

Três heróis pelo menos, nascem da alma espanhola, e dela passam ao ocidente: o Cid, o Quixote e D. Fernando, o "príncipe constante" de CALDERÓN (VOSSLER, *La literatura española del siglo de oro*). E' interessante observar que o Cid é a incarnação espanhola do herói aristocrático de todos os tempos, primeiro em tudo, e sustentado na sua primazia pelo sufrágio incessante do êxito. Com o Príncipe Constante, a fé cristã, e não mais o simples valor pessoal extraordinário, assume o papel de centro e motivação da conduta e dos sucessos do herói. Com o Quixote, podemos enfim contemplar o heroismo isento de todo êxito, e elevar a nossa reflexão até a eficácia da ação heróica, não pelo resultado imediato alcançado, mas pela repercussão do exemplo e por essa reversibilidade, que recolhe no tesouro comum o valor aparentemente perdido das boas ações.

E' o Quixote um herói fracassado? Sim, se atentarmos apenas no desvario de suas aventuras e arremetidas contra alvos imaginários, e no fatal insucesso que, uma por uma, lhe encerrou tôdas as ações. Mas quando passamos a última página do livro inimitável, compreendemos que a efusão do heroismo não ficou perdida; que os atos malogrados do último cavaleiro foram recebidos a crédito, para compensação das injustiças e agravos que êle não soube ver, nem reparar; e finalmente que dêle brota um ensinamento contrário ao *ideal da eficiência,* que é o da simples entrega de si mesmo, para operar pelo exemplo e pela germinação.

Cada vez que, em nossa própria vida, nos recusamos a uma *salida,* porque sabemos que o nosso ato não terá fôrça sôbre as condições externas e assim não poderá remover os obstáculos opostos ao nosso intento, estamos agindo contra o espírito de D. Quixote.

E cada vez que saimos para o impossível, deixando nas mãos de Deus o segrêdo da germinação de nossas ações, é conforme o Quixote que estamos procedendo.

Sua técnica é, pois, o dom de si mesmo. Uma técnica que, em face do mundo antigo, seria mais a do martírio que a do heroismo, mas que se tornou para nós o heroismo por excelência. Tornou-se, sobretudo, o recurso supremo, a reserva com que contamos para sobreviver.

As qualidades do herói quixotesco, não foi CERVANTES que as inventou. Êle apenas as recolheu, purificou e cristalizou para sempre no seu personagem, que ficou sendo, assim, o ponto de chegada de uma longa, complexa e difusa tradição literária: os romances de cavalaria.

Literàriamente falando, o Quixote é a síntese e o superamento dessa literatura, em parte popular, em parte semi-erudita, que no século XVI se condensou, em Espanha, numa obra típica, — "Os quatro livros de Amadis", e cujos temas, mutuados de língua em língua, atestam a ampla comunhão européia em que se elaborou a vida intelectual da Idade Média. Assim como GOETHE recolheu no Fausto um dos temas constantes da imaginação européia — o tema do mágico que ensaia o seu poder sôbre a própria alma — assim CERVANTES recolheu o tema geral do cavaleiro andante nas páginas do Quixote. Para CERVANTES os precedentes literários eram os livros de cavalaria, a cujo Auto-da-Fé assistimos no graciosíssimo episódio do escrutínio feito pelo cura e pelo barbeiro na biblioteca de D. Quixote; para GOETHE, os precedentes literários foram as representações populares do Dr. Fausto no teatro de *marionnettes*: as *Faustspielen*, o *Volksbuch* de Fausto e as composições eruditas de LESSING e MARLOWE.

Já vimos que CERVANTES não podia ter senão as reservas do homem de gôsto perante os estólidos livros que lhe iam servir de material; mas é claro que êle compreendeu o tema universal, a contribuição já consumada para a formação européia, que neles se continha.

Como GOETHE tirou do mágico presunçoso e sensual do *Volksbuch* alemão a fábula e a figura do Prometeu moderno, CERVANTES superou a legenda cavalheiresca, ainda tratada ingênuamente pelos escritores do seu século, fez dela uma nova mitologia, e fixou o tema na significação definitiva que teria para o espírito ocidental.

Desde logo o heroismo do cavaleiro não está nos seus feitos, está nas suas disposições de alma. O fracasso, o insucesso, o ridículo, não obumbram, antes fazem resplandecer o heroismo de D. Quixote. E aumentam a eficácia espiritual dos seus atos. Nisto a criação cervantina liberta o heroismo da concepção aristocrática, que se transmitira aos romances medievais, e deita suas raízes no solo mais nobre do Cristianismo. Pois só o Cristianismo revelou que fracassar é, muitas vêzes, apenas o ponto de partida para vencer, e estendeu, assim, às ações humanas, no plano do tempo, a idéia evangélica da semente que morre, e se transforma em árvore, e ainda produz muitos frutos.

O heroismo quixotesco é, portanto, um concerto de atributos, que se fundem num todo moral. Vejo-os, sobretudo, traduzidos em três notas essenciais: 1.°, o dom de si mesmo; 2.°, a fé; 3.°, a pureza. Tôdas essas qualidades vêm do perfil cavalheiresco, tal como o desenharam, ainda que com traços discordantes e, às vêzes, contraditórios, os livros de Cavalaria. No Quixote elas atingem um teor absoluto, e erguem diante de nós uma figura incorruptível, na qual nada existe de angélico ou de feminino. E' notável o caráter masculino puro do Quixote. Nenhum outro herói é tão viril, na mais íntima minúcia de sua natureza, quanto êsse modêlo de castidade, de

Os atributos do *Herói*

idealismo, de desinterêsse, de sacrifício, de bondade compassiva, mas isenta de emoção.

A Pureza

Pela pureza de D. Quixote devemos começar o exame de seus atributos, pois parece ser a pureza o assento natural das qualidades do herói. Puro é o que está isento de mistura. Puro é o que não deixa entrar em si o mundo de objetos desejáveis, pela posse dos quais todo dia caímos em contradição com nós mesmos.

Os maiores campeões não merecem o nome de heróis, se são impuros. Herói não foi Alexandre, nem Júlio César, pois o heroismo não se afirma apenas em relação a um objetivo externo; afirma-se, ao mesmo tempo, em direção do nosso próprio ser, como um firme propósito de resguardar algo de íntimo. Por isso escreveu muito bem ORTEGA y GASSET:

> "Herói é o que quer ser quem é." (*Op. cit., pág.* 145.)

A vitória do Quixote sôbre o leitor, a que momentos antes aludí, é a vitória da irredutível e irresistível pureza de consciência, que dêle faz um outro D. Galaaz, o cavaleiro do ciclo arturiano que se podia assentar, sem receio, na cadeira fatal aos impuros. E' essa pureza que, sejam quais forem as nossas iniciais disposições de espírito, nos vai comprometendo na causa do Quixote à medida que o lemos, e acaba por nos fazer receber, como insuportáveis agravos, ações miserandas como a mistificação dos duques, ou o disfarce do Cavaleiro de Branca Lua e dos Espelhos.

A pureza do herói quixotesco se completa com a integridade e inacessibilidade de sua fé. Fé na graça divina, fé na boa fortuna, fé em si mesmo, dão ao cavaleiro essa serenidade e imediata resolução de ânimo, sem a qual missão alguma passará do devaneio, nenhum destino romperá o envólucro em que germina no fundo de nós. A Fé

A fé heróica, tal como a exprime o Quixote, é, porém, uma fé hierarquizada pela consciência formada no Cristianismo. A fé em si mesmo é própria do herói antigo, do herói sem humildade, em caminho para o semi-deus. A fé na fortuna é a própria fé em si mesmo, que tanto faz esperarmos o êxito do nosso próprio esfôrço como da nossa predestinação. A fé quixotesca, porém, está informada na tríplice ordem da graça divina, da boa fortuna e do mérito próprio, o que permitiria ao Quixote dizer algumas vezes, tomando para si os versos de CALDERON:

"Dios defenderá mi causa
pues yo defendo la suya."

Tôda sua fé, derivada dêsses planos superiores e inferiores, o Quixote a focaliza e concentra na sua missão, na tarefa que se deu a si mesmo, e a que recìprocamente deu os seus dias. Fé em sua própria causa — o requisito do heroismo.

Com a consciência impregnada de confiança, D. Quixote fita os desafios e rechassa os desmentidos. Em vão sôbre êle desabam provas contrárias; nenhum fato o demove; nenhuma evidência o atinge; nenhuma surpresa o encontra desarmado; fatos, provas, argumentos contrários, evidências, rompem-se contra as malhas inquebráveis do seu pensamento. Sou mesmo tentado a vos propor que tomemos o elmo de Mambrino como alegoria da fé quixotesca; e não resisto a transcrever aqui o diálogo, em que D. Quixote explica como é possível que o famoso elmo pareça e efetivamente seja, ao mesmo tempo, uma humilde bacia de barbeiro:

"Vive Dios! señor caballero de la Triste Figura, que no puedo sufrir ni llevar en paciencia algunas cosas que vuestra merced dice, y que por ellas vengo a imaginar que todo cuanto me dice de caballerias, y de alcanzar reinos e imperios, de dar insulas, y de hacer otras mercedes y grandezas, como es uso de caballeros andantes, que todo debe de ser cosa de viento y mentira, y todo pastraña, o como lo llamaremos; porque quien oyere decir a vuestra merced, que una bacia de barbero es el yelmo de Mambrino, y que no salga deste error en más de cuatro dias, qué ha de pensar sino que quien tal dice y affirma, debe de tener guero el juicio? La bacía yo la llevo en el costal toda abollada, y llévola para aderesarla en mi casa, y hacerme la barba en ella, si Dios me diere tanta gracia, que algún dia me vea con mi mujer y hijos.

— Mira Sancho, por el mismo que denantes juraste te juro — dijo don Quijote —, que tienes el más corto entendimiento que tiene ni tuvo escudero en el mundo. Qué! Es posible que en cuanto ha que andas commigo, no has echado de ver que todas las cosas de los caballeros andantes parecen quimeras, necedades y desatinos, y que son todas hechas al revés? Y no porque sea ello ansi, sino porque andan entre nosotros siempre una caterva de encantadores que todas nuestras cosas mudan y truecan, y las vuelven, según su gusto y según tienen la gana de favorecernos o destruirnos; y así, esa que a ti te parece bacia de barbero, me parece a mi el yelmo de Mambrino, y a otro le parecerá otra cosa. Y fué rara providencia del sabio que es de mi parte, hacer que parezca bacia a todos, lo que real y verdaderamente es yelmo de Membrino, a causa que siendo él de tanta estima, todo el mundo me perseguirá por quitármele; pero como ven que nos es más de un bacin de barbero, no se curan de procuralle, como se mostró bien en el que quiso rompelle, y le dejó en el suelo sin llevarle, que a fe que si le conociera, que nunca le dejara. Guárdale, amigo, que por ahora no le he menester, que antes me tengo de quitar todas estas armas, y quedar desnudo como cuando naci, si es que me da en voluntad de seguir en mi penitencia más a Roldán que a Amadis".

A consciência de D. Quixote, selada pela fé, resiste em exemplos sem conta, como êsse, aos assaltos da realidade. Só — naquela solidão que não o abandona um só instante, e de que aqui falou, em seu discurso admirável Augusto Frederico SCHMIDT — a alma de D. Quixote arde silenciosamente; e o que a faz arder é essa fé inabordável, que tudo desbarata, que tudo converte e transfigura em tôrno de si.

O episódio de Montesinos

Levantaram alguns críticos, neste ponto, uma suspeita, que merece a consideração mais acurada, pois, se procedente, alteraria ou, pelo menos, abalaria em grande parte a exegese do Quixote. Trata-se do difícil e misterioso episódio de Montesinos.

Recordais que D. Quixote, vindo das bodas de Camacho, o rico, empreendeu na companhia de Sancho e de um primo do Cavaleiro do Verde Gabão uma excursão ao sítio onde se abre a Cova de Montesinos, nas cercanias do Guadiana e de Alcaraz, e ali se fez descer ao fundo da gruta, onde seus companheiros o deixaram ficar por meia hora. Voltando à luz, que lhes narrou o veraz, o sincero, o simples e nunca fementido D. Quixote? Que encontrara no fundo da Cova — transformada num Erebo de cavaleiros medievais — aquêle mesmo Montesinos a quem coubera trazer à senhora Bellerma, na ponta de uma adaga, o coração que lhe enviava o seu enamorado Durandarte. E não tardou que Montesinos lhe mostrasse, presos e encantados naquela Cova, por artes de Merlin, à espera de quem os libertasse, Durandarte, Bellerma e cavaleiros e donzelas de seu séquito, aos quais nos desenvolvimentos da história outros se vão juntando, inclusive a rainha Ginebra e sua dama Quintañona, e três lavradoras, entre as quais D. Quixote reconhece "la sin par Dulcinéa del Toboso". Três dias e três noites se teriam passado na incomparável aventura, autêntica descida de D. Quixote ao Inferno da Cavalaria. E o que é de se notar é o tom humorístico, a verdadeira pantomima infernal construída despreocupadamente por D. Quixote, que não tinha, nos seus dias comuns, para tratar êsses temas, senão o tom grave do respeito e da convicção.

Teria D. Quixote inventado a visão da Cova de Montesinos? O próprio Sancho não lhe deu crédito, e o intérprete encontra, páginas adiante, uma breve frase, de que desce sôbre a sinceridade e, portanto, sôbre a inteireza da fé do Quixote o único instante de dúvida e de perigo. É quando, apeados do cavalo Clavilegno, Sancho descreve o que vira no ceu. E D. Quixote lhe contesta:

> "Sancho, pues vos quereis que se os crea lo que habeis visto en el cielo, yo quiero que vos me creais a mi lo

> que vi en la cueva de Montesinos, y no os digo más."

Na corda estendida em que caminha, vendado por sua loucura, mas guiado pela integridade da sua incorruptível consciência, D. Quixote, nessa altura, pisa em falso. Tôda a sua obra está em jôgo. Haverá uma farça na descida a Montesinos?

Por mim recuso que o episódio tenha sido uma alucinação ou sonho, tese sugerida a muitos pela pergunta que D. Quixote faz à *Cabeça* adivinhadora, em Barcelona. A narrativa da Cueva foi, a meu ver, uma criação intelectual, forjada em tôdas as suas peças no espírito de D. Quixote. O que, porém, impede a quebra da sinceridade e exclui tôda impostura, fazendo do episódio, como diz MADARIAGA, uma fábula na fábula — "ilusión en la ilusión" — é o valor puramente estético da fantástica narrativa, da qual D. Quixote apenas tira o prazer gratuito da criação.

Daí vem o inesperado humorismo, as liberdades poéticas que se permite, e que destoam do estilo geral de suas práticas e da própria narração: a Montesinos, que lhe promete o desencantamento,

> "Y quando asi no sea", respondió el lastimado Durandarte con voz las-

> timada y baja, "oh! primo! digo, paciencia y barajar".

E quando dá à donzela as alvíssaras de quatro reais:

> "Tomando los quatro reales, en lugar de hacerme una reverencia, hizo una cabriola, que se levantó dos varas de medir en el aire".

D. Quixote viveu, no episódio de Montesinos, um dêsses graves e inefáveis momentos, em que o nosso espírito, transportado pela fôrça da criação poética que nele irrompe, reconstrói o mundo conforme uma instantânea visão das coisas, e não se pode dizer que minta, porque na verdade enriquece com seres e objetos novos o mundo real. Não foi possível ao insano cavaleiro saber, depois, se a maravilhosa fábula, que se lhe desprendera do espírito num momento inspirado, era uma pura fantasia ou um acontecimento vivido; seria difícil que o pudesse distinguir, êle que não duvidava da veracidade de todas as histórias que lera. De modo que D. Quixote, depois de criar a aventura de Montesinos, nela acreditou como acreditava nas aventuras de Amadis, não sem guardar no espírito, entretanto, a incerta lembrança de que a inventara.

Outro não pode ser o sentido que se depreende da esquiva resposta, que lhe dá a *Cabeça*:

> " — Díme tu, el que respondes, fué verdad o fué sueño lo que yo cuento que me pasó en la cueva de Montesinos?
>
> —A lo de la cueva — respondieron — hay mucho que decir: de todo tiene."

A pureza e a fé não exprimem, entretanto, os totais atributos do heroi quixotesco.

O herói crê na sua missão, confia em Deus e em si mesmo, conserva a alma isenta de mescla e da satisfação de apetites, mas ainda lhe falta o meio de agir, a técnica. Essa técnica é, afinal, a essência do heroismo quixotesco; podemos defini-la — o dom de si mesmo.

O dom de si mesmo

Entregar-se a si mesmo, fazer do próprio ser um simples mediador da obra que tem diante dos olhos, desaparecer nessa obra, consumir-se e enterrar-se nela como a semente no solo, eis o "savoir faire" do cavaleiro, eis o que o Quixote nos ensina, do primeiro ao último dos seus instantes.

É certo que o dom de si mesmo não aniquila aquêle que o consuma.

"Qui se renonce, se trouve", escreveu GIDE parafraseando aquela suprema palavra:

> "Quem quiser salvar sua vida, a perderá; e quem a quiser dar, a encontrará."

Mas a recuperação da vida não é uma operação a têrmo, que o homem calculadamente conclui consigo mesmo. É preciso dar definitivamente, dar sem desejo e sem esperança de poupar uma parte ou de reaver mais tarde. Só assim, repetindo no seu destino particular o mistério incessante da ressurreição, o homem se encontrará de novo.

O herói quixotesco, em que se cristalizou o tipo perfeito do herói-cavaleiro, é o homem que faz o dom completo de si mesmo. Sua vocação o solicita, e não foi sem razão que a Idade Média conjugou muitas vezes a instituição da cavalaria com a profissão religiosa.

Mas — e aqui tocamos o ponto de transição para o nosso último tema — não é possível ao homem fazer cada dia o dom de si mesmo a uma nova causa, à reparação de outra ofensa, à composição de outro agravo, se a sua vida ainda lhe pertence, se ainda é, nas suas mãos, algo de que êle pode dispor, que êle pode amar, e que êle insensivelmente tende a economizar, a dirigir, a empregar em tarefas escolhidas, a servir. Na vocação religiosa a entrega de todo instante a qualquer tarefa está assegurada pela renúncia completa e antecipada de si mesmo nas mãos de Deus. Porém a cavalaria não é necessàriamente uma profissão religiosa; e êsse dom de si mesmo, essa gratuidade de ação, que ela exige, precisa estar assegurada por um penhor, um compromisso, humano nos seus fins, porém místico na sua eficácia.

Êsse compromisso que liberta, em vez de prender, D. Quixote o encontrou no amor.

III

O Amor

O amor da Dulcinéa — símbolo e síntese do amor cavalheiresco — é um dos pontos de partida para a compreensão do amor, tal como o tem entendido o espírito moderno. Por isso disse eu, momentos antes, que Cervantes contribuira para uma nova compreensão do heroismo e do amor, na conciência do nosso tempo. Já vimos como se configura essa compreensão do heroismo. Tratemos agora do amor.

As considerações que vou fazer têm um ponto de partida: a idéia. aceita por uns, repelida por outros, de que o amor, como tôdas as paixões e sentimentos humanos, é um fruto do que há de imutável, de permanente, na natureza do homem, mas é também o resultado de uma transformação da consciência histórica, sôbre a qual atuam as grandes fôrças materiais e espirituais que modelam o curso dos tempos. O amor moderno é diferente do amor medieval e do amor antigo. Pouco importa que êle se origine sempre da mesma inclinação afetiva e que aspire ao mesmo resultado. O que importa é que o sentimento amoroso se projeta no "écran" da alma humana, e aí se combina com outros problemas, entra em antagonismos, sofre desvios, recebe estímulos, e conhece triunfos e desastres, que variam radicalmente de época para época, de povo para povo, de geração para geração.

Muitos dramas de amor do nosso tempo não assaltariam as consciências do mundo romano ou mesmo do século de Luis XIV. O que não quer dizer que não conservemos, nas possibilidades sempre ampliadas da nossa alma, a compreensão das experiências do homem antigo, e a faculdade de repeti-las.

O amor antigo

Por imensa que tenha sido a capacidade dos antigos de explorar as contradições e os limites do homem, o problema do amor na antiguidade não atinge nem entrevê a complexidade que lhe daria a consciência moderna. O drama de amor por excelência do homem antigo é a recusa do objeto amado — o mais simples, embora talvez o mais constante dos dramas. Dêle se alimenta tôda a literatura pastoril e arcádica, até as églogas virgilianas. A êsse, as tragédias acrescentam o drama do amor ilegítimo, is-

to é, o conflito entre a paixão amorosa e a ordem estabelecida pelo deuses imortais. Em todos os casos, como observou MAX SCHELLER no seu estudo sôbre o ressentimento na moral, o amor antigo é sempre o amor de baixo para cima, isto é, em que o amante aspira a algo que se acha colocado acima dele, que lhe parece maior, sob qualquer aspecto que seja, ao seu próprio ser. Coube ao Cristianismo operar a primeira revolução na essência e na existência do amor, concebendo-o como uma efusão de cima para baixo, como amor do criador pela criatura, de Deus pelo homem, do forte pelo fraco, do maior pelo menor. A caridade aparece, assim, como o primeiro amor que oferece, em vez de pedir. Já não pode ter sentido para a conciência refundida pelo Cristianismo, a frase de PLATÃO:

> "Se fôssemos deuses, não amaríamos."

Em tôda antiguidade, quer consideremos a tradição trágica ou a lírica, o amor e uma paixão que, mesmo sob suas formas mais nobres, vive na esfera dos sentidos, como, aliás, se depreende do Simpósio platônico, e a inteligência está sobretudo empenhada, como atesta Ovídio, na formação da *ars amatoria,* que cerca a vida amorosa de experimentados conselhos para dela colher todo o fruto.

O primeiro poema antigo em que se esboça um drama de amor de estilo ocidental e moderno, é, como observou HAEKER, a Eneida. Enéias, abandonando o amor de Dido para não deixar de cumprir o seu destino, é o primeiro herói que exprime o conflito entre o anseio do destino no homem e as satisfações do amor. O amor-prêmio do herói homérico, cede lugar ao conflito entre a satisfação momentânea e o anelo do destino a cumprir, que se tornaria uma antinomia permanente do homem moderno, como GOETHE exprimiu nos versos:

> "So tauml ich von Begierde zu
> Genuss und in Genuss verchmacht
> ich nach Begierde . . ."

Heloisa e Abelardo

Outro já foi o panorama em que se construiu a experiência amorosa do homem medieval. Não é meu desejo desenvolver êste tema, apressado como estou de retornar ao D. Quixote. Mas não quero deixar de chamar a vossa atenção para um episódio, em que vejo o amor medieval fixar-se no que poderia ter de mais específico e infungível. Refiro-me ao amor de Abelardo e Heloísa. Êle, no esplendor da sua irradiação intelectual, mestre incontestável da Escola de Paris, cheio da tentação da glória e da santidade, que naquele instante o levava a uma carreira sacerdotal; ela, a culta e discretíssima abadessa do Parácleto, empenhada na glória e na realização da carreira do professor genial. E sôbre êles desatando-se a mais furiosa paixão sensual, que correspondência amorosa registra, paixão para que êle propõe o casamento secreto, a que ela, querendo resguardar sempre a oportunidade final do arrependimento e da vocação, prefere opor uma recusa e oferecer o amor sem casamento. (E. GILSON, *Heloise et Abelard*, p. 59 e seg.)

Não haverá, talvez, drama em que melhor se exprima a dupla natureza do homem medieval, dividido entre um espírito e um corpo, que ambos tudo exigem.

Duas fábulas do amor moderno

Já o amor moderno, a meu ver, se exprime, sobretudo, em dois exemplos fundamentais: o amor do Dr. Fausto por Margarida, ou o amor titânico; e o amor de D. Quixote por Dulcinéa, ou o "enamoramiento".

O amor do Quixote traduz no grau mais alto, e em sua manifestação mais radical, a paixão amorosa em que o amante faz a entrega do seu próprio ser. Não é o desejo da pessoa amada, nem a realização do próprio gôzo, ou da própria experiência, o que comanda o espírito sob o império da paixão. ORTEGA y GASSET, nos seus ensaios sôbre o amor, pretende mesmo que não se deve ver nesse estado de alma, o amor-paixão, todo feito de um insaciável apetite da pessoa a que amamos, porém uma forma especial de amor, a que chama "amor-enamoramiento" (*Estudios sobre el amor, in Obras,* II, p. 1618). O amor de D. Quixote por sua gigantesca fantasia — a Dulcinéa del Toboso — é o exemplo perfeito do "enamoramiento."

O amor titânico

Já o amor do Fausto a Margarida postula o lado oposto do espírito moderno: o trágico problema do homem que quer o amor, e ao mesmo tempo precisa salvar-se dêle, que se empenha até o fim na realização vertiginosa do seu desejo, mas não faz o dom de si mesmo, e

> "in Genuss, verschmacht nach Begierde."

Já se disse que GOETHE repetiu nas páginas do Fausto, sob as roupagens de outra fábula, o tema que tratara nos *Sofrimentos de Werther,* e que era um dos "motivos", profundos e intermitentes, da sua criação artística e de sua própria vida: o tema da aniquilação do *destino* no *amor,* ou melhor, do perigo da aniquilação do *destino* no *amor*. O amor satisfeito é a imagem perfeita do *doce instante;* todo o espírito de GOETHE, por um de seus epicentros, aspira a se entregar, a se consumir no *doce instante,* a consentir nessa satisfação plena, que nos transporta à delícia da intimidade momentânea, e pede um abandono sem resistências. Mas por outro lado, GOETHE aspira a uma realização consciente de si mesmo, que lhe impõe a conservação incessante da liberdade e lhe mantém a alma em permanente recusa a tudo que a queira absorver e dominar. Como bem observou Friedrich GUNDOLF, há duas obras de GOETHE em que êsses polos magnéticos do seu espírito se manifestam separados: *Ganymedes,* o impulso para se dissolver no instante que passa; *Prometeu,* a afirmação do indivíduo como criador inatingível.

O conflito vivido, de que o último eco é o episódio do amor fáustico, foi como é sabido, o amor do jovem GOETHE por FREDERICA. A êsse romance devemos um dos instantes mais plenos de felicidade, de graça e primaveril ligeireza, que passaram para a nossa experiência literária, e de que alguns poemas ficaram sendo os testemunhos imortais. Mas não tarda que o jovem GOETHE sinta o aterrador perigo que repre-

senta para êle o amor de Frederica, justamente porque o seu espírito encontra nesse amor uma satisfação perfeita, uma realização que não pede senão a repetição indefinida, e que assim pacifica e amolece o homem preparado para uma tarefa sem fronteiras.

O abandono súbito e inexplicado de Frederica foi a indispensável ação titânica, e sob alguns aspectos lembra outro episódio amoroso de repercussões universais: o rompimento do noivado de Sören KIERKEGAARD. O abandono de Frederica é, porém, o sacrifício de Frederica, e nisso está o drama escatológico do amor titânico, que não pode retribuir até o fim o amor recebido, e tem de ferir e perder para retornar à liberdade.

No drama de Fausto reside bem essa contradição insolúvel da consciência titânica: que êle mente a si mesmo se não possuir Margarida, e mentiria uma segunda vez se, depois, não a abandonasse. A terrível lei do "eu quero" traz consigo a fatalidade do êrro. Mas o titã vence a contradição formidável, integra-se no cosmos, e o *Segundo Fausto* se encerra com a salvação do titã pela intercessão feminina.

Está salvo do Demônio, dizem os anjos, o nobre adepto da sociedade dos Espíritos; a quem se esforça e busca no sofrimento, nós podemos salvar:

"Gerettet isto das edle Glied
Der Geisterwelt von Bösen;
Wer immer strebend sich bemuht
Den können wir erlösen"

E pela mão de Gretchen redimida o doutor Fausto penetra nos céus.

Ao amor fáustico se contrapõe o amor quixotesco, tão radicalmente que nos custa reconhecer entre êles uma essência comum. No amor de D. Quixote não há tragédia, sôbre êle não pesam contradições, nem receios, nem remorsos, nem desejos. O amor quixotesco

Podemos dizer que o amor de Dulcinéia é, sobretudo, uma vocação amorosa. Entregando-se espiritualmente à sua dama, nesse ato do dom de si mesmo, que é a outra aparência do amor moderno, D. Quixote se liberta, por assim dizer, do próprio amor, pelo menos daquilo que no amor é a necessidade de nos satisfazermos a nós mesmos.

É interessante observar como a paixão quixotesca, parecendo ser e sendo uma entrega completa, uma sujeição sem limites, uma vassalagem espiritual, é, por êsse poder de recuperação consubstancial a todo ato de renúncia, uma completa libertação, inclusive dos problemas e sofrimentos do amor.

O primeiro de que D. Quixote se liberta é a tirania da aventura amorosa, isto é, a perpétua tentação de corresponder às oportunidades amorosas que se nos deparam, e que nos lançam na insaciável curiosidade das mulheres que não amamos. D. Quixote, tendo consignado à Dulcinéia todo o seu amor, nada tem para dar à aventura amorosa, mesmo quando esta corre para êle, como no episódio de *Maritornes*, ou de *Altisidora*. Vale a pena reler a resposta de D. Quixote a *Altisidora*. O caso de *Maritornes*, que todos temos bem presente ao espírito, sabemos que não passou de coincidência infeliz, pois a trêfega asturiana entrou no quarto em busca do arrieiro, justamente no instante em que D. Quixote imaginava a hipótese de lhe vir ao encontro a dona do Castelo para oferecer por uma noite o seu amor. D. Quixote lhe explica a impossibilidade, em que está, de aceitar e pagar tamanha mercê, pela fé prometida à sem par Dulcinéia; mas um intérprete suspicaz poderia pensar, vendo quanto D. Quixote

"la tenia asida",

que outra teria sido a resposta se não viesse moido da aventura dos *yangueses,* pois, disse,

> "ha querido la fortuna ponerme en este lecho, donde yago tan molido y quebrantado, que aunque dé mi voluntad quisiera satisfacer a la vuestra, fuera impossible."

Mas a resposta aos cantos e declarações de *Altisidora* é indubitável:

> "Que tengo de ser tan desdichado andante, que no ha de haber doncella que me mire, que de mi no se enamore! Que tenga de ser tan corta de ventura la sin par Dulcinéa del Toboso, que no la han de dejar gozar a solas de la incomparable firmeza mia. Que la quereis, reinas? A que la perseguis, emperatrices? Para qué la acosáis, doncellas de catorce a quince años? Dejad, dejad a la miserable que triunfe, se goce y ufane con la suerte que amor quiso darle en rendirle mi corazon y entregarle mi alma. Mirad, caterva enamorada, que para sola Dulcinea soy de masa y de alfeñique, y para todas las demás soy de pedernal; para ella solo soy miel, y para vosotras acibar;

para mi sola Dulcinea es la hermosa, la discreta, la honesta, la gallarda y la bien nacida, y las demás, las feas, las necias, las livianas y las de peor linaje: para ser yo suyo, y no de otra alguna, me arrojó la naturaleza al mundo. Llore o cante Altisidora, desesperese madama por quien me aporrearon en el castillo del moro encantado, que yo tengo de ser de Dulcinéia cocido o asado, limpio, bien criado y honesto, a pesar de todas las potestades hechiceras de la tierra."

Assim como se liberta da constante e fatal sedução da aventura amorosa, D. Quixote se liberta do ciume. A entrega amorosa, sobretudo a entrega que ainda não logrou satisfazer-se, isto é, ser recebida pela pessoa amada, assume um sentido unilateral que acaba por assemelhá-la ao amor pelo Ser Divino. Como Sancho estranhasse que tôdas as pessoas libertadas pelos seus feitos de cavaleiro fôssem mandadas prostrar-se ante Dulcinéia e contemplá-la, eis o que respondeu D. Quixote:

"Oh que necio y qué simple eres! Tu no ves, Sancho, que eso todo redunda en su mayor ensalzamiento?

Porque has de saber que en este nuestro estilo de caballeria es gran honra tener una dama muchos caballeros andantes que la sirvan, sin que se extiendan más sus pensamientos que a servila por solo ser ella quien es, sin esperar otro pago de sus muchos y buenos deseos, sino que ella se contente de acetarlos por sus caballeros."

O sentido dêsse amor místico não escapa à implacável perspicácia do escudeiro:

" — Con essa manera de amor, dijo Sancho, he oido yo predicar que se ha de amar a nuestro Señor por si solo, sin que nos mueva esperanza de gloria o temor de pena.

— Válate el diablo por villano — dijo don Quijote — Y qué de discreciones dices a las veces! No parece sino que has estudiado."

A fidelidade — o polo para onde tende o ideal do amor — é o apanágio do amor do Quixote. O amor do Fausto, o amor titânico, é infiel, pois em meio às satisfações perfeitas do amor, no peito do homem titânico medra o desejo de libertar-se. E a sêde inextinguível de realização de si mesmo, o leva a recomeçar o amor mil vêzes, até encontrar a síntese que lhe dará no seio tranquilo da ordem o uso perfeito da liberdade.

Essa síntese, que é a aspiração do homem moderno, o heroi quixotesco a encontra por outro meio, que de sua equívoca, porém inteligível aventura, irradia incessantemente até nós.

O símbolo e a salvação

E agora, em poucas palavras, o resultado da análise, que cumpri com o concurso da vossa paciência. Penso que o Quixote nos transmite uma lição de purificação do mundo pelo heroismo, não por um heroismo de tipo hercúleo, mas por um outro feito de fé intangível, pureza perfeita, e de um atributo que a todos resume — o dom de si mesmo.

Êsse dom de si mesmo resolve o problema do destino, vence as hesitações que o temor do êrro tanto nos infunde, e, fazendo-nos olhar para fora de nós, permite que, um dia, nos reencontremos.

O dom de si mesmo salva o Quixote, e o faz triunfar de seus fracassos e enganos pelo exemplo de que deixou ensementada a consciência dos tempos seguintes. O dom de si mesmo salva o Quixote, mas — herói ocidental em tudo — nesse dom de si mesmo êle tem um mediador, de cuja eficácia depende a plenitude do seu êxito: o amor de Dulcinéia.

> "Ella pelea en mi, y vence en mi, y yo vivo y respiro en ella, y tengo vida y ser."

Se pudéssemos assistir à salvação de D. Quixote, veríamos, pois, o seu puro espírito erguer-se às esferas celestes e — também pela intercessão do Eterno Feminino — acolher-se ao seio de Deus.